Huir hacia la LIBERTAD

Sharon Shavers Gayle
Ilustraciones de Eric Velasquez

loqueleo

Para mi madre, Mamie, que no sólo me enseñó a leer, sino que me enseñó que la lectura es el mejor refugio.
—S.S.G.

A la memoria de todas aquellas almas valientes que se liberaron a sí mismas de la esclavitud.
—E.V.

loqueleo

Título original: *Emma's Escape: A Story of America's Underground Railroad*
© 2003 Trudy Corporation & Smithsonian Institution, Washington DC 20560
Todos los derechos reservados.
Publicado en español con la autorización de Trudy Corporation.

© De esta edición:
2019, Vista Higher Learning, Inc.
500 Boylston Street, Suite 620.
Boston, MA 02116-3736
www.vistahigherlearning.com
www.loqueleo.com

Diseño: Marcin D. Pilchowski
Edición: Isabel Mendoza

Loqueleo es un sello editorial de Santillana. Estas son sus sedes:
ARGENTINA, BOLIVIA, BRASIL, CHILE, COLOMBIA, COSTA RICA, ECUADOR, EL SALVADOR, ESPAÑA, ESTADOS UNIDOS, GUATEMALA, MÉXICO, PANAMÁ, PARAGUAY, PERÚ, PORTUGAL, PUERTO RICO, REPÚBLICA DOMINICANA, URUGUAY Y VENEZUELA.

Agradecimientos:
Gracias a Joanna Banks del Museo Comunitario Anacostia de la Institución Smithsonian por ayudarnos a cuidar la rigurosidad de esta obra.

Soundprints desea agradecer a Ellen Nanney y Robyn Bissette, de la oficina de Desarrollo de Producto y Licencias de la Institución Smithsonian por la ayuda prestada en la creación de este libro.

Huir hacia la libertad
ISBN: 978-1-63113-907-9

Printed in the United States of America.

1 2 3 4 5 6 7 8 9 PP 24 23 22 21 20 19

Índice

Capítulo 1: ¿Qué te pasa? 5

Capítulo 2: ¡A escapar de la esclavitud! . . 11

Capítulo 3: El viaje apenas comienza 17

Capítulo 4: Por poco los descubren 23

Capítulo 5: Una bienvenida inesperada . . 31

Capítulo 6: Al fin, ¡libres! 37

Glosario   44

Acerca del Tren Clandestino 45

Nota al lector

A lo largo de la lectura, verás palabras resaltadas en negritas. Podrás encontrar más información sobre ellas en el Glosario, al final del libro.

Capítulo 1

¿Qué te pasa?

—¿Dónde está Emma? —les pregunta Tomás a Kevin y Lucy. Los tres amigos están saliendo del Museo Comunitario Anacostia de la Institución Smithsonian. Vinieron a ver una exposición sobre cómo vivían los afroamericanos del Sur antes de la Guerra Civil. Pero Emma se ha quedado atrás.

—Ya voy —responde Emma con voz débil.

—¿Qué te pasa? —le pregunta Lucy.

—¡La esclavitud fue muy cruel! —exclama Emma.

—Es verdad —asiente Kevin—. Afortunadamente, muchas personas lograron escapar en el **Tren Clandestino.**

—Vamos a ver los jardines —sugiere Tomás. Emma los sigue, caminando lentamente por los senderos del Jardín Botánico George Washington Carver.

"¡Tulipanes!", exclama Emma. "Son las flores favoritas de mi mamá. Voy a dibujarlos". Entonces, saca un cuaderno y un lápiz, y comienza a hacer unos trazos.

—¡Emma! —susurra una voz llena de ansiedad—. ¿Dónde estás?

—¡Aquí! —responde Emma poniéndose de pie. Se sorprende al ver que ya es casi de noche. Una muchacha delgada, algo mayor que Emma, está parada frente a ella.

La muchacha la abraza.

—¡Emma! ¿Dónde estabas? ¡Qué alivio saber que estás bien! Debemos irnos de inmediato. Quizás ésta sea tu última oportunidad de reunirte con tu mamá en Canadá. ¡Vamos, de prisa!

De pronto, escuchan unos ladridos que vienen del bosque.

—¡Emma, agáchate! —le ordena la muchacha al oído.

Emma obedece rápidamente. Entonces se da cuenta de que, en vez de sus pantalones cortos, ahora tiene puesto un vestido de una tela áspera.

—¡El amo Herrot nos ha echado los perros! —murmura la muchacha—. Tu papá nos espera en una carreta cerca de aquí. ¡Tenemos que escapar de esos perros como sea!

Capítulo 2

¡A escapar de la esclavitud!

Emma y la muchacha avanzan entre rocas y ramas, mientras los perros se van acercando cada vez más.

—Ahí está la carreta —susurra la muchacha —. Emma, no te detengas.

Ya ha oscurecido por completo. Emma siente que unas manos fuertes toman sus pequeñas manos y la levantan. Otras manos la empujan por detrás. Lo siguiente que Emma ve es que ya está dentro de la carreta.

—Hermana Luz, ¿estás bien? —pregunta una voz grave.

—Sí, Benjamín; estoy bien —responde la muchacha—. Y Emma también está a salvo.

—Emma, pequeña, mantente agachada — le dice otra voz masculina—. No vaya a ser que alguien te vea.

Emma se acuesta. Dos niños pequeños se acurrucan junto a ella. La carreta comienza a andar.

Después de varias horas de camino, la carreta se detiene.

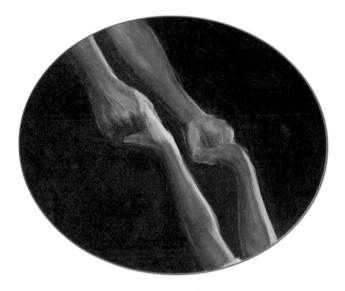

—¡Muy bien, mi niña! —le dice a
Emma Papá Rolando, y la baja de la carreta
con sus fuertes manos. Papá Rolando
comienza a caminar de prisa, llevando
a Emma en brazos.

Emma no sabe a dónde se dirigen ni
qué están haciendo. Siente mucho miedo.

—¿Dónde estamos? —pregunta Emma en voz baja.

—Acabamos de salir de Georgia y entramos a Carolina del Sur. Tenemos que buscar al hombre que nos va a esconder aquí —responde Papá Rolando—. Es un **conductor** del Tren Clandestino.

—¡Estamos escapando! —exclama Emma. Entonces recuerda lo que acabó de leer sobre el Tren Clandestino. Era un sistema formado por personas y lugares para conducir a los esclavos hacia la libertad.

Detrás de Papá Rolando y Emma van Benjamín y la Hermana Luz. Cada uno lleva en brazos a uno de los niños. Todos caminan tan de prisa que van casi corriendo.

—¡Por aquí! ¡Apúrense! Está a punto de amanecer —los alerta una voz desde las sombras.

Capítulo 3

El viaje apenas comienza

Frente a ellos está un viejo en camisa de dormir. Está parado junto a un pozo y sostiene una linterna. Todos bajan por una escalera vieja hasta el fondo del pozo, que está seco.

—Aquí tienen pan, queso y frutas —les dice el viejo dándoles una bolsa. También les pasa una cubeta con agua. Después, quita la escalera y la arrastra bien lejos del pozo. Finalmente, cubre a medias el pozo con una pesada tapa.

Nadie se atreve a hablar durante un largo rato. Sólo se oye el cantar de un gallo.

—¿Cómo sabía ese hombre que íbamos a venir? —pregunta Emma.

—Porque él y su sobrina forman parte del Tren Clandestino. Ellos hicieron las gestiones para que pudiéramos usar la carreta y este pozo. ¡Ahora iremos a encontrarnos con tu mamá! —le explica Papá Rolando mientras le da un cariñoso abrazo—. Estoy muy orgulloso de tu mamá. ¡Es increíble que haya logrado huir sola!

Emma deduce que Benjamín y Papá Rolando son hermanos. También se da cuenta de que la Hermana Luz es la esposa de Benjamín, y que tienen dos hijos, un niño y una niña. Son gemelos y tienen cuatro años. Se llaman Herminda y Damián. Son los pequeños que se acurrucaron junto a ella en la carreta.

A medida que la mañana avanza, es más difícil respirar dentro del pozo. Emma se siente acalorada y tiene mucho sueño. No puede sostenerse en pie y se escurre hacia el suelo. Los hombres son muy grandes para sentarse en el pequeño espacio del fondo del pozo. Por eso juntan los pies para dejarles más lugar a Emma y a los gemelos.

Capítulo 4

Por poco los descubren

De pronto se oye un estruendo. Emma cree que son truenos, pero muy pronto se da cuenta de que es el galope de unos caballos. Poco después, escucha voces.

—¿Qué hay allá abajo? —pregunta un hombre cerca del pozo.

—Nada —responde otra voz—. Es un pozo seco que no se ha usado desde hace muchos años.

Emma reconoce esa voz. Es la del viejo que los ayudó la noche anterior.

—Samuel, mueve esa tapa para que podamos echar un vistazo —ordena el hombre que habló primero.

Las voces se van acercando. Emma contiene la respiración.

De repente, unos perros comienzan a ladrar a los lejos.

—Los sabuesos han encontrado un rastro en el bosque —avisa otro hombre.

—¡Rápido! Vamos a ver de qué se trata. Mira, viejo, si esos esclavos aparecen cerca de tu casa, ¡tú también sufrirás las consecuencias!

En el pozo, Emma suspira aliviada. Por ahora, están a salvo de los **rastreadores de esclavos**.

Esa misma noche, el viejo los ayuda a salir del pozo. Los fugitivos se despiden de él y comienzan a correr. Al amanecer, llegan a una granja. Pasan todo ese día escondidos en un pajar.

Los días y las noches se repiten idénticos. Durante el día se esconden, y durante la noche corren hasta llegar a la siguiente estación del Tren Clandestino. A veces, el conductor es un hombre, y otras veces, una mujer o una joven.

Una noche, Papá Rolando se detiene frente a una roca tallada que sobresale en medio de una pradera.

—Rolando, ¿te sientes bien? —le pregunta la Hermana Luz al verlo arrodillarse ante la roca.

—No me pasa nada. —responde Papá Rolando—. ¡Sólo que acabamos de cruzar la **línea Mason-Dixon**!

—Es la línea divisoria entre Maryland y Pensilvania —dice Emma—. ¡Llegamos al Norte!

Todos ríen y bailan llenos de alegría. Pero Papá Rolando les pide que se calmen.

—No podemos celebrar hasta que lleguemos a Canadá —les dice.

Capítulo 5

Una bienvenida inesperada

Los fugitivos continúan cruzando bosques y montañas. A lo largo del viaje encuentran señales ocultas que les indican el camino que deben seguir. Por fin divisan una granja. Emma anhela que sea la siguiente estación. Cuando llegan, la puerta se abre de par en par y sale una pareja de afroamericanos sonrientes.

—¡Bienvenidos, pasen! —los saluda la pareja.

Emma le pregunta a la Hermana Luz:
—¿Vamos a entrar en la casa?

La Hermana Luz asiente con una sonrisa. En todo el viaje, nunca nadie los había invitado a pasar a su casa.

Por primera vez desde que comenzó el viaje, Emma se siente segura.

—Me llamo Edna, y éste es mi esposo, Daniel —dice la mujer. Luego, les da ropa limpia a todos, y los lleva hasta una puerta oculta en el piso. Todos bajan por una escalera angosta a un sótano amplio y limpio, con mesas, sillas y camas.

Emma se sienta en una de las camas y aspira el agradable olor de la ropa y las sábanas limpias. Los gemelos la observan y se ríen, disfrutando también el olor a limpio.

La Hermana Luz y Edna sacan una tina grande y la llenan de agua tibia.

Los gemelos y Emma se turnan para bañarse. Después, se van a la cama. Tan pronto pone su cabeza en la almohada, Emma se queda profundamente dormida.

Mientras tanto, los adultos hablan y hacen planes. Edna les cuenta que ella siempre ha sido libre. Heredó esta granja de sus padres.

—Una noche Daniel se apareció por aquí. Me dijo que era un esclavo fugitivo. Se veía tan valiente y fuerte que ¡me enamoré de él en un abrir y cerrar de ojos! Desde entonces, hemos ayudado a los esclavos que huyen en busca de la libertad.

Capítulo 6

Al fin, ¡libres!

Emma y los demás pasan los días en el cómodo sótano. Sólo se atreven a salir de noche.

Después de varios días, Papá Rolando les anuncia que es hora de continuar el viaje. Están a punto de llegar a su destino final.

Parten de noche, como siempre, y comienzan a correr sin detenerse. Ya están cerca de Canadá.

Casi al amanecer, Papá Rolando se detiene. —¡Agáchense! —les ordena con voz fuerte. Todos obedecen y se quedan inmóviles, de cara al suelo, durante un buen rato. Hace mucho calor, y Emma levanta la cabeza para limpiarse el sudor de la cara.

—¡Emma, mantén la cabeza abajo!
—le susurra Papá Rolando.

Pasa un largo rato y, por fin, comienza a oscurecer.

—Ya puedes incorporarte, cariño —le dice al oído la Hermana Luz.

Bostezando, Emma se levanta con dificultad. —¿Dónde está Papá Rolando? —pregunta.

—Está con Benjamín; nos están esperando en el río. Toma, tienes que comer algo.

Emma y los gemelos comen rápidamente lo que la Hermana Luz les ofrece. Después, todos juntos caminan hacia el río.

Al llegar al río, Papá Rolando los ayuda a subir a un bote de remos. El bote se mece suavemente en la corriente del río. Emma se queda dormida.

—¡Emma, despiértate! ¡Eres libre!
—grita la Hermana Luz llena de emoción.

Emma se incorpora frotándose los ojos.
¿Libre? Jamás había oído una palabra más
hermosa en toda su vida.

—¡Mi niña, mi niña! —exclama una
mujer que corre hacia ella. Tiene el rostro
bañado en lágrimas. ¡Es su mamá! Papá
Rolando las abraza fuerte y tiernamente.

—¡Estamos juntos otra vez. ¡Juntos
y libres! —exclama Papá Rolando.

Todos ríen, bailan y se abrazan. Emma
gira como un trompo hasta que se marea
tanto que no puede sostenerse en pie.
Entonces, se deja caer sobre el césped.

—¿Por qué estabas dando vueltas como un trompo? —le pregunta Tomás.

Emma mira a su alrededor. Todo se ve iluminado, claro y ¡libre!

—¿Dónde estabas? Te estuvimos buscando por todas partes —le dice Kevin.

—Sólo me detuve a dibujar unos tulipanes para mi mamá —responde Emma—. ¿Me perdí algo interesante?

—Bueno, recorrimos un sendero en el bosque, igual a los que usaron los esclavos que viajaron en el Tren Clandestino —le explica Lucy—. Si quieres verlo, puedo acompañarte.

—No, gracias —responde Emma con una sonrisa—. ¡Creo que ya he visto suficientes senderos por ahora!

Glosario

conductor. Nombre que se le daba a la persona que arriesgaba su vida para guiar a los esclavos de una estación a otra del Tren Clandestino.

línea Mason-Dixon. Límite entre Maryland y Pensilvania, que se convirtió en símbolo de la frontera entre el Sur esclavista y el Norte, donde la mayoría de las personas estaban en contra de la esclavitud.

rastreadores de esclavos. Personas que perseguían y trataban de atrapar a los esclavos fugitivos, usando a menudo sabuesos, con la esperanza de obtener una recompensa monetaria.

Tren Clandestino. Red de personas y lugares establecida para ayudar a los esclavos a alcanzar su libertad. Funcionó entre 1830 y 1865. Se extendía desde el sur de Estados Unidos hasta Canadá.

Acerca del Tren Clandestino

El Tren Clandestino no era realmente un tren. Era una cadena de senderos, paradas y señales que partía del Sur, seguía hacia el Norte y terminaba en Canadá. El límite entre Maryland y Pensilvania se conocía como la línea Mason-Dixon. Separaba los estados esclavistas del Sur de los del Norte. En los estados del Norte no había muchos esclavos. Se estima que entre 1830 y 1865, cerca de cien mil esclavos recorrieron la ruta del Tren Clandestino.

Por lo general, los esclavos fugitivos viajaban por la noche. Se guiaban por la estrella Polar y no se apartaban de los "rieles" marcados por señales secretas a lo largo de caminos, senderos, campos y túneles. También viajaban por ríos, arroyos y otras corrientes de agua, ya que allí no era posible dejar huellas. Durante el día, los fugitivos se escondían en "estaciones", tales como graneros y cuartos secretos en casas e iglesias.

Las personas libres, tanto blancos como negros, que guiaban a los esclavos hacia su libertad eran conocidas como "conductores" o "jefes de estación".

Aun cuando el Tren Clandestino era una operación secreta, su historia perduró después de la abolición de la esclavitud, en 1865. El Tren Clandestino será siempre recordado como un movimiento que luchó contra el maltrato a los seres humanos.